呀！原来是这样丛书

深埋地下的历史秘密

四季科普编委会 编

中原出版传媒集团
中原传媒股份公司
河南电子音像出版社
·郑州·

图书在版编目（CIP）数据

深埋地下的历史秘密 / 四季科普编委会编. -- 郑州：河南电子音像出版社，2025.6. --（呀！原来是这样）.
ISBN 978-7-83009-522-2

Ⅰ．K209

中国国家版本馆CIP数据核字第20259TT546号

深埋地下的历史秘密

四季科普编委会　编

出 版 人：张　煜
策划编辑：刘会敏
责任编辑：荆晓培
责任校对：曹　璐
装帧设计：吕　冉　四季中天
出版发行：河南电子音像出版社
地　　址：郑州市郑东新区祥盛街27号
邮政编码：450016
电　　话：0371-53610176
网　　址：www.hndzyx.com
经　　销：河南省新华书店
印　　刷：环球东方（北京）印务有限公司
开　　本：787 mm×960 mm　　1/16
印　　张：6
字　　数：60千字
版　　次：2025年6月第1版
印　　次：2025年6月第1次印刷
定　　价：38.00元

版权所有，侵权必究。
若发现印装质量问题，请与印刷厂联系调换。
印厂地址：北京市丰台区南四环西路188号五区7号楼
邮政编码：100070　　电话：010-63706888

目 录

河姆渡人的邻居 / 1

哪里是中国最早的古城 / 9

敦煌莫高窟的"废纸" / 15

马王堆美女"睡"了千年 / 22

揭秘秦始皇地下军备库 / 28

探秘音乐天堂——曾侯乙墓 / 36

被埋在地下的繁华长安 / 44

5 亿年前的"皮鞋"印 / 49

冰河时期的人类脚印 / 55

数千年前的"宇航员" / 60

探秘两河流域的地下明珠 / 66

火山爆发埋藏的古城 / 72

木乃伊的心脏跳起来了 / 78

几千年前就有"计算机"了 / 85

河姆渡人的邻居

人们一直在探索人类的起源，生活在长江下游的河姆渡人，从被发现起就一直是一个谜。他们过着怎么样的生活？他们之后又去了哪里？人们一直在思索这些问题，并希望能找出答案。2001年初，一个打井队给我们带来了好消息，一个沉睡在地下几千年的田螺山遗址让我们和古人"对话"，帮助我们揭开河姆渡人神秘的面纱！

神秘的河姆渡文化

距今约 7000—6000 年前,河姆渡一带是一片沼泽地。于是,河姆渡人建造房屋时,先在沼泽地里打下长 1 米左右的木桩,在木桩上架设纵横交错的横梁,然后在横梁上铺上 10 多厘米厚的地板,地板上再立柱、架梁、敷檩、盖顶。这样的房屋构造很复杂,专家把它叫作"干栏式建筑",河姆渡人也因为这个建筑而成名。

干栏式建筑的地板能防湿、防虫蛇，而且河姆渡人还可以利用地板下面的空间来饲养家畜。虽然从他们的房屋复原图来看，河姆渡人无法在地板上面的居室内直立行走，但是，这个建筑比起依环境而建的巢居已经有了很大进步。

从干栏式建筑来看，河姆渡人已较为熟练地掌握了伐木，以及加工桩、柱、梁、板等建筑构件的技术。梁柱间用榫卯接合，地板用企口板密拼，与现代的木工技术已经很接近，而且在一些构件上还刻着双圆、直线、斜线、植物茎叶等装饰图案。可见河姆渡人虽然很古老，但已经有很高的智慧和审美能力了。

在河姆渡遗址中还出土了几支木质船桨，它们与现代船桨大体相近，是目前中国已发现的船桨中最为古老的几支。看来当时河姆渡人已经开始用船、筏等工具到水中去采集所需要的东西了。除此之外，遗址还出土了几百件木器，如刀、锤等，与其他新石器时代人类使用的工具有很大差别。

河姆渡人在食物方面已经有了人工栽培的水稻，从遗址残存物中还可以发现葫芦、橡子、菱角、枣等植物果实，羊、鹿、猴子、虎、熊等野生动物，以及猪、狗、水牛等家养的牲畜。对于7000年前的古人类来说，这一切似乎都太先进了。遗址是对历史的发现，也带给我们更多解不开的谜团。

打井打出来的田螺山

很多中外古文化研究者一直在研究河姆渡文化，但有些谜团总是无法破解。2001年初，一家个体企业为了建厂需要开挖水井，挖到两三米深时，发现了一些陶片、石器和木头。之后经过浙江省文物考古研究所和河姆渡遗址博物馆专家考证，这里埋藏着与河姆渡文化极为相似的历史遗址。

这个地方在浙江省余姚市三七市镇最东边，当地的老百姓叫它"田螺山"。田螺山根本就不像一座山，海拔最高的地方也只有5米左右，顶多算一个小土堆。但就是在这个小土堆周围地下约3米处，埋藏着一个完整的古村落，总面积近3万平方米呢。

在第一阶段的发掘中，考古工作者就已经确认，田螺山遗址是迄今为止发现的河姆渡文化中，地面环境条件最好、地下遗存比较完整的一处依山傍水式的古村落遗址。它与坐落在浙江省余姚市河姆渡镇的河姆渡遗址遥相呼应，并且各方面与河姆渡文化极其相似。

田螺山与河姆渡是邻居吗

田螺山这里有与河姆渡文化相同的干栏式建筑，而且形式和技术更复杂，应该比河姆渡文化更

先进；并且这里也有橡子、稻米、葫芦、蕨草等植物的遗存，同时也有狗、牛、梅花鹿、鲸鱼、金枪鱼等各种陆地和海洋动物的遗骸。

这里还有河姆渡文化所没有的发现，甚至是国内新石器文化方面的全新突破。人们在这里发现了形状和大象头相似的陶塑残块、高度超过90厘米的双耳夹炭陶罐、饰人面纹的陶釜支脚、器表装饰着多种纹样的红衣陶盘釜，以及针孔直径不过几毫米的骨针……一件件文物的出土令人惊叹。

田螺山遗址的发现，向人们证实了长江流域不是只有一个河姆渡，田螺山应该是河姆渡的近邻，就像现在相邻的村落一样。

在田螺山的地下层中，已发现的木炭微粒及人工制造的小陶块之类的物品，与河姆渡文物在工艺、材质等方面相似，年代数据也契合。这些发现为研究河姆渡文化提供了重要线索，有望助力破解有关谜题。

猜猜看

河姆渡人为什么不把房子盖高点儿

小朋友从前文中看到了，著名的河姆渡干栏式建筑很像南方的吊脚楼呢！那为什么他们不把自己的房子盖高点儿，以便在里面直立行走呢？

原来，河姆渡人在发明干栏式建筑之前，都是住在山洞或者树上的，就像很多动物一样，他们的房子只是用来休息的地方，所以用不着在里面走来走去。学会了盖房子后，他们的生活习惯并没有立刻改变，自然也就不会想把房子盖高啦！

哪里是中国
最早的古城

地球留给我们的秘密太多了，而考古发掘常常会深化我们对历史的认识。以前人们总认为中国最早的城市在河南洛阳，但随着考古的深入，新的发现不断刷新着我们的认知。现在，就让我们一起探寻一个令人激动的发现，看看它给我们带来了怎样令人惊喜的答案！

考古发现一座城池

　　从1991年开始，历经数十次的考古发掘，一座古城终于展现在人们面前。人们看到了6000多年前的城墙、道路和房基，这是中国目前发现的最早的古城遗址！

　　这座城市叫作城头山，位于湖南省常德市的澧阳平原，地处长江中游。这里自然条件优越，土壤肥沃，风调雨顺，物产丰富，在远古时代应该很适宜人类繁衍生息。

　　人类最开始建家园时都会选择江河边，这里气候温暖湿润，非常适宜动植物生长。当时的城头山应该就是这样，有长江流过，有高大繁茂的松树、杉树、枫树，也有许多动物，如野鹿、野牛、大象等。

　　人们在这里找到了很多精美的文物，现在都陈列在湖南省澧县博物馆中。其中一件黑色陶盆引起了人们的关注。在这件黑色陶盆的盆壁外清晰地刻画着一个符号——两个尖对着尖的三角形，这样的符号并没有在同时期出土的陶器上出现过,它表示什么意思呢?也许是制作者留下的印记,也许是拥有者制作的记号,也许它代表着一个部落,也许它表示其他信息。答案我们无从判断,不过,它显然属于这座古城文化的一部分。

常德酒文化的发祥地

在常德涔澹农场出土的铜爵和铜觚,是目前所见到的较早的酒器,据此,有观点认为常德应该是中国酒文化的重要发祥地之一。但此前没有地方记载常德酿酒起源于什么时候,而这次城头山古城的发现,使常德酿酒的历史得以延伸。

在城头山周边地区,出土了一件陶觚和一口陶温锅,它们上面没有任何纹饰,应该是常德的史前酒器。

觚是古代的饮酒器,像我们现在用的大酒杯。在新石器时代就有了陶制的觚,城头山出土的陶觚是泥质的灰陶,外形像一个大喇叭,在其颈部和足部套接处饰有一周凸弦纹。资料表明，它要比涔澹农场出土的铜觚早1400年左右。

温锅，从名字上判断就是温酒用的锅。古人把温锅装上酒放在火上加热，这样就可以喝上温热暖胃的酒了！这口温锅是泥质黑陶，就像一口小锅的样子，开口的地方向外折着，正好可以架在炉子的凸形边缘上，而且又方便取下来。看来城头山在史前就有了酒文化。

在城头山中心区域还发现了几口陶窑，这里应该就是当时的陶器生产中心。城头山的陶器不仅供自己城中的人使用，还有可能在那个没有货币的年代，被拿去与其他地方的人交换，换回别的物品，所以前文中提到的两件酒器应该也是出自城头山的陶窑。

稻作之源，城池之母

城头山被国内外专家称为"稻作之源，城池之母"，这个荣誉给城头山增添了不少光环。

1997年冬，考古工作者在城头山东城墙附近，发现了三处平行排列的古稻田和一套相对完整的灌溉设施。经检测确认稻田距今约6500年，这一发现有力驳斥了"水稻由东南亚传入中国"的假说。城头山稻田的规模化种植和灌溉系统，表明长江中游地区在6500年前已形成成熟的稻作农业体系。作为中国最早古城的组成部分，城头山稻田与城市防御体系（城墙、护城河等）的共生关系，揭示了稻作农业与社会复杂化进程的密切关联。

猜猜看

古人是如何酿酒的呀

古人最开始是用发芽的谷粒酿酒，酿出来的酒就像现在的黄酒一样，甜甜的，酒精含量不高，古人叫它"醴"。后来，人们才渐渐掌握了用酒曲酿酒的方法。用酒曲酿造出来的酒就像现在的白酒一样，但是没有现在那么清澈，酒精浓度在 10%～18%，而且用的材料和工艺不同，酒的味道也会不同。

敦煌莫高窟的"废纸"

在一些古代建筑中，人们有时会把家里的墙做成两层，称为"夹壁墙"。小朋友应该也从电视上看到过，人们转动某个机关后，墙咔咔地打开了，里面有一个小空间，或者通过密道连接一个地下室，很多宝贝以及重要的东西都会收藏在那里。有一天，敦煌的一个道士在清理洞窟积沙时，发现墙壁有异样，道士惊呆了，你们猜他发现了什么？

一个道士的意外发现

自东汉以来，佛教在我国广为流传。古丝绸之路上的甘肃省西部，因拥有得天独厚的地理位置和特殊的历史背景，中国历史上很多朝代都在这里修建过石窟，其中最著名的是敦煌莫高窟。

清朝末年，一个叫王圆箓（lù）的农民，因为家乡连年干旱，就逃到了现在的甘肃酒泉，当了一个边防小卒，之后又做了道士，云游四海。到了莫高窟后，他在敦煌寺院讲经诵道，定居下来。

王道士有了一定积蓄后，想按照道教的信仰来改造石窟。1900年的某一天，他从莫高窟第16窟开始动工。清理甬道中的积沙时，甬道两壁竟露出了宋代人画的菩萨像。虽画工不算精细，但因为有积沙保护，所以保存得相当完好。他正不经意地欣赏着壁画，忽然目光一滞，发现甬道北壁上似乎有异样，墙面上竟然有裂缝。他轻轻地凑上前去，在裂了缝的墙上敲了几下，这一敲，让他更加吃惊——原来墙壁里是空的！这时，他突然意识到，像这样的夹壁墙十有八九是储藏宝物之地。然而，他不知道，这里其实就是藏有数万卷经书的藏经洞。

藏经洞发现后的尴尬

王圆箓等到天黑，又一次悄悄来到这个地方，发现里面有一扇紧闭的小门。打开门，里面是一间高约3米、长宽各约2.6米的内室，室中堆满了经卷、文书、绣画、法器等物品。道士以为这些东西不值几个钱，于是取出几份经卷送给了当地知县汪宗翰。

汪宗翰见多识广，意识到这些文物的价值，于是将部分样本和自己的判断上报给了甘肃学台叶昌炽。叶昌炽是当时少有的能深刻认识这批文物价值的学者，他极力向清政府建议，请求将藏经洞所有文物运至省城兰州保管。然而，清政府觉得耗费高昂的运费来运送这些"废纸"根本不值得，最终只下令将藏经洞重新封存。

但封存并未能阻止文物的流失。王道士持续向官员、士绅甚至外国人赠送或售卖文物，使得藏经洞的消息逐渐扩散。自1907年起，以斯坦因、伯希和为代表的多国探险家闻讯而来，以低价购走大量经卷与绘画，最终导致数万件文物流失海外。

佛教圣地——藏经洞

百年后的今天，让我们再次了解一下敦煌的这个藏经洞。这里面保存着数万卷典籍，其中绝大多数是佛教经卷，涵盖经、律、论三大类，几乎包含了所有佛教宗派的经典。在发现的写本里，《妙法莲花经》《四分律》《佛名经》等佛教经典数量最多。这些写本的年代较早，所以可以用来校勘之后的佛经。其中也包括一些被历代视为"伪经"的经典，这些"伪经"在当时虽然给佛教界造成了混乱，但现在看来，它们正是中国佛教特点的体现，成为研究中国佛教史的宝贵资料。

除了大量的佛经，藏经洞中还藏有一些道家和儒家的经典名作，以及不少关于敦煌历史、文化和风俗的书籍。

是谁建了藏经洞

敦煌莫高窟的藏品令世人震惊，这个封闭了近千年的藏经洞更让人感到疑惑不解，是谁把几万册的经书藏到了这里？又为什么要藏起来呢？

有人认为，可能是宋初时，莫高窟僧人为了躲避战乱，临走前把经卷、佛像等藏到洞里封存起来。他们本来打算等战乱过后再重新启用，结果不知什么原因，他们一去不回，最终没有人再记起这个藏经洞。

也有人认为，大约1000多年前，折页式的经卷从中原传到敦煌，因其阅读和携带十分方便，所以，很多僧侣就把闲置的卷轴式佛经换下来，封存于石室内。

总之，无论出于什么原因，敦煌的洞窟中留下的这些珍贵文物，已成为我们研究魏晋南北朝至宋初时期宗教、艺术与社会的宝贵资料。

猜猜看

你们知道中国的石窟吗

印度佛教传入中国后，中国修建了大量的寺庙，还开凿了很多石窟。从规模和艺术成就来说，中国有著名的四大石窟，除文中提到的敦煌莫高窟以外，还有云冈石窟、龙门石窟和麦积山石窟。

云冈石窟：位于山西省大同市，是中国第一个由皇家主持开凿的石窟，最具西来样式，胡风胡韵最为浓郁。

龙门石窟：位于河南省洛阳市，是世界上造像最多、规模最大的石刻艺术宝库，在中国各大石窟中地位突出。

麦积山石窟：位于甘肃省天水市，保存的造像以泥塑为主，反映了中国泥塑艺术的发展和演变过程，有"东方雕塑陈列馆"的美誉。

马王堆美女"睡"了千年

小朋友，你们相信尸体可以历经千年而不腐吗？在马王堆汉墓中，人们就挖掘出了这样一具女尸，这具女尸保存完好，样子就像刚刚去世一样。想知道女尸千年不腐的原因，以及她的身份吗？那咱们就一起读下去吧！

马王堆汉墓被打开啦

在湖南省长沙市东郊,有一处大土丘,土丘上有两座圆形土冢,外观像马鞍一样,故被称为"马鞍堆"。

1973年底,考古人员挖掘后发现,这里其实是汉初丞相利苍家族的墓,所以人们又称这里为"马王堆汉墓"。墓里一共有三个人,分别是利苍、利苍的妻子和儿子。这个墓室的发掘让我们更加了解汉朝,更重要的是这里出土的文物让世人震惊!

这里出土的随葬品非常丰富,并且很有时代特点。汉代随葬品大多是生活用品,如器皿和食物等,有的甚至会把房屋、田地和牲畜制成模型一起随葬。马王堆汉墓自然也不例外,这里出土了大量的漆器和丝织品,如轻薄的素纱单衣等,这些东西向人们再现了鲜活的生活场面！

一位"睡"了千年的美女

利苍的妻子辛追夫人的墓被打开之后，人们看到了一具历经千年的女尸！女尸没有化为泥土，也没有变成骨架，而是像刚刚下葬一样，安静地躺在墓室中。

女尸的身上盖着两层衾被，专家花了近一周的时间才脱掉她身上的衣服。出土时，女尸的整个身体状态如正常人睡着了一样，外形完整无缺，毛发尚存，全身柔软有弹性，部分关节还可以活动，甚至手足上的纹路也可以看得清清楚楚。

女尸的头上缀着各种贴叶的漆花木饰，也许由于头发稀疏，所以缀连着假发并盘成髻，发髻中插着发笄。她的面部线条柔和舒展，眉眼间带着温润的笑意，即使以我们现代人的眼光来看，其生前也绝对是一位美女。

女尸的皮肤为褐黄色，双手握绣花香囊，里面装着香草，双脚穿着青丝履。经专家研究鉴定，她身上最里面一层的衣物是罗地"信期绣"丝绵袍，外面一层是细麻织物，最外面横扎着丝带。

女尸为什么千年不腐

辛追夫人的尸体出土后，全世界都震惊了！以前世界上也出土过千年以前的尸体，但是辛追夫人的尸体是迄今为止保存最完好的，甚至连她墓室中的随葬品都像刚刚放进去的一样，到底是什么原因让她能跨过千年的岁月而不腐呢？

在打开辛追夫人的棺椁时，所有在场的考古人员都不得不捂住口鼻，因为里面有散发着奇臭的液体。一开始，人们以为这是古代人使用的防腐药水之类的东西。但研究后发现，该液体只是土壤中的水分渗入墓中，经漫长岁月凝结聚集而成的，它只有十分微弱的抑菌作用，并不是尸体得以保全的主要原因。

那到底是什么原因呢？专家比对了墓室的构造

才解开了这个谜。马王堆的三座墓室都在墓底及棺椁室四周塞满木炭和白膏泥，然后层层填土夯实，又在最上面筑起高大坟丘。

其中，辛追夫人的墓中填的木炭非常厚实，有将近5吨。众所周知，木炭有很好的杀菌和吸潮作用。而且分布在木炭层外的白膏泥厚约1.3米，黏性极强，防渗透性极好。这层又厚又均匀的白膏泥，封固严密，使深埋地底的椁室形成湿润、恒温、缺氧的环境，所以棺椁、尸体及随葬器物得以保存完好。

大家一定会问，为什么相似的结构，另外两个墓室中的尸体却没有保存完好呢？那当然就更好解释啦，主要是因为另外两个墓室的白膏泥堆积较薄，分布不均，密封程度不佳，所以墓内保存状况较差。

什么是白膏泥

白膏泥从名字上看就是一种泥土,但是这种泥土跟我们见过的普通泥土不太一样。它非常细腻,有很大的黏性,比较湿润并且不易渗水。

不要以为白膏泥就是白色哦,它只有在干燥的时候才会是白色或者青白色,地下埋着的白膏泥一般会是湿润的、青色的,所以它还有另一个名字,叫"青膏泥"。

揭秘秦始皇
地下军备库

小朋友，你们知道秦始皇吗？他统一了六国，成为中国历史上第一位皇帝，还为我们留下了一个又一个的谜团。当秦始皇陵中的陪葬坑——地下宫城军备库打开的时候，世人为之惊叹！我们一起去看看吧！

一座地下宫城军备库

秦始皇在中国历史上是一位非常重要的人物。据记载，秦始皇是在一次巡游中因病去世的。当人们把他快速运回都城咸阳时，秦二世已经在咸阳继位。文献中关于安葬秦始皇的记录并不多，但在一次考古中，人们却有了意外的发现。

1998年，考古工作者经过科学勘探，发现一处规模宏大、内容丰富的大型陪葬坑。这是迄今为止秦始皇陵发现的面积最大的陪葬坑，里面有上千件铠甲、头盔，还有马缰索、青铜车马器构件、青铜镞、箭头及其他军用装备，专家称这个陪葬坑是秦始皇地下宫城的军备库。

地宫中惊现秦代头盔

之前，人们发现秦始皇兵马俑中的人俑大部分只用头巾扎头，所以专家一直以为秦代是没有头盔的，结果这一次的发现改变了世人的看法。

在地宫内，人们发现了一些散堆在地上的石片。当工作人员把它们拿给中国甲胄专家白荣金先生查看时，他激动地确认，这应该就是秦代士兵的头盔。

随后，人们对地宫进行了仔细清理，从坑中共出土铠甲80多件，头盔40多顶。这些铠甲和头盔并不是铁制的，也不是铜制的，而是用质地均匀的青灰色岩石片和扁铜条连缀成的。每一片石片表面都经过了精细加工，边缘切得很整齐，打磨得相当光滑，而且造型也很精致。

每个头盔重约3千克，由圆顶片和四周连缀向

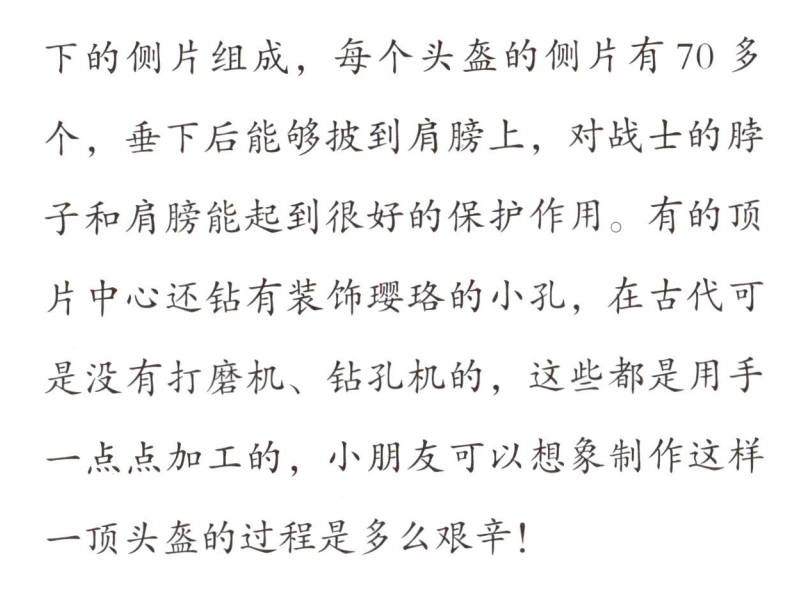

下的侧片组成，每个头盔的侧片有70多个，垂下后能够披到肩膀上，对战士的脖子和肩膀能起到很好的保护作用。有的顶片中心还钻有装饰璎珞的小孔，在古代可是没有打磨机、钻孔机的，这些都是用手一点点加工的，小朋友可以想象制作这样一顶头盔的过程是多么艰辛！

威风的石制铠甲

地宫中出土的铠甲经过了别出心裁的设计，不仅外观精美，还很实用呢！

这些铠甲主要由前后两片组成，前片护胸，后片护背。其余部位配有护肩、护肘等。

除了甲衣外，还有甲裙。但甲裙与甲衣不一样，甲裙采用小甲片连缀而成，而且甲片与甲片之间的缝也比较大，这样在作战时跑动起来就会比较灵活，骑马打仗都不会受阻碍。可以看出，秦朝在设计战衣时把实用、美观都恰到好处地融合在了一起。

兵俑的彩色战衣

除了一些军用装备和遗迹之外，在地宫中还发现了很多身穿鲜艳战衣的兵俑，与之前发现的秦始皇陵中布阵的兵俑相比，它们非常华丽。

从外观上看，这些兵俑穿的战袍并不都是千

篇一律的灰色，它们的颜色以粉绿、朱红和粉紫为主，但在领口和袖口上会有粉红、天蓝和白色等不同颜色的装饰。

从秦俑彩绘遗迹看，士兵外衣形制具有一定的标准化特征，可能与军队装备管理相关；而领口、袖口的异色装饰则反映了中衣、内衣的个性化。这不仅体现了秦军对实战装备的规范化要求，还在设计中体现出审美呢。

军备是被堆在地宫中的吗

这个军备库紧靠着秦始皇陵中的大兵阵，从整齐的秦始皇兵马俑来看，这些军用物资绝对不会是堆放在地上的，应该也是经过严格设计后摆放的。

秦始皇兵马俑中的兵马，有着严格的方阵，每个阵列中都有指挥官，显然是按照当时的战斗布局安排的。而这个军备库应该就是为这些兵马准备的后勤保障。可见在当时，秦朝已经有一个完善的指挥、作战和后勤保障系统了。

专家最后也确认了这一点，这些盔甲最初一定不是像现在这样随意堆放的，因为一个纪律严明的军队是不会乱七八糟地摆放物资的。这些物资刚开始应该是成行成列地放在专门的木架上，因为时间太长，那些木架经不住时间考验都腐朽了，才会使物资都掉落并堆在地上。

猜猜看

秦始皇为什么要做兵马俑

秦始皇陵是古代皇陵中规模最大的一个，那当时为什么要陪葬那么多的兵马俑呢？

这也是专家们想要解开的谜团。有可能是因为古时候有人殉之说，古人认为，人死了就是在阴间生活，奴隶要跟着一起被埋进墓葬，去阴间伺候他们的主人。统一六国的秦始皇需要的当然是军队，所以他才会想到做出兵马俑，让其组成军队跟着自己到阴间。

探秘音乐天堂——
曾侯乙墓

小朋友，你们喜欢中国的古典音乐吗？当你们去湖北省博物馆的时候，一定会被一套大型古乐器吸引，它的名字叫"曾侯乙编钟"，是迄今为止我国发现的规模最大的古代打击乐器。下面就让我们跟着考古学家的脚步，去看一看编钟出土的地方——湖北随州曾侯乙墓吧！

豪华的"三室一厅"陵墓

曾侯乙是战国时期一位名叫乙的王侯,大约卒于公元前433年。他的墓室建在地下水位以下,结果人刚葬下去不久,地下水就渗了进去,他的墓也因此成了一座水中墓。这个意外让大部分随葬品在无氧的状态下得到完好保存,同时也把对墓中珍宝虎视眈眈的盗墓贼阻挡在了外面。

曾侯乙墓呈"卜"字形，覆盖墓顶的巨型石板有47块，打开石板后，一座"水晶宫"便华丽地呈现在人们眼前。

"水晶宫"由四个墓室组成，建筑结构就像一座豪华的"三室一厅"。东室放置着1具主棺和8具陪葬棺，主棺是双层的：外棺有青铜框架，内棺外面有彩绘的门窗及神兽武士。西室放着13具陪葬棺。北室没有棺木，主要放着兵器、车马器及竹简。中厅则放置着大量的礼乐器。整个墓室就犹如一座规模宏大的地下宫殿。

震惊世人的曾侯乙编钟

经过人们发掘整理，曾侯乙墓一共出土文物15000多件，分为青铜礼器、乐器、兵器、车马器、金器、玉器、漆木器和竹器8大类，诸多文物都具有极高的历史价值。

其中，有一件金器，是一个带盖的金盏。它采用青铜范铸工艺，盖顶有环形纽，边缘有与盏扣合

的卡扣；盏底有凤首形矮足，盖顶和盏口外沿饰有华丽的蟠纹和云雷纹，其精湛的工艺令人惊叹。

还有一件漆木箱子，盖子上竟然画着二十八星宿的天文图，看来当时的中国人已经对二十八星宿有所观测。由此可见，我国是世界上最早创立二十八星宿体系的国家呀！

最重要的是，这个墓中出土了大量的乐器，有编钟、编磬、鼓、瑟、笙、排箫等，其中最引人注目的是一套保存完好的大型青铜编钟。整套编钟共65件，总重2500多千克，分为上、中、下三层，每层编钟都按一定的音阶排列着。考古工作者们看到它时都兴奋不已，仿佛听到了当年它那气势宏大的演奏！

自古就有的十二音律

我们现在唱歌的时候，用的是从"哆"唱到"西"的七声音阶，这是世界通用的，很多人认为它在中国使用时间并不算久远。战国古乐器上大部分都是五声音阶，也就是宫、商、角、徵、羽，所以很多学者认为，中国在战国的时候只有五声音阶，后来使用的十二音律是从希腊传过来的。

然而，曾侯乙编钟的出土向人们证明了我国从古代就有十二音律。曾侯乙编钟中上层的甬钟和钮钟清脆悠扬，下层的甬钟则雄浑醇厚。它音域宽广，有五个半八度，只比现代钢琴少一个半八度，这在世界音乐史上恐怕都是极为罕见的。

它的音阶结构与现代国际通用的C大调七声音阶基本相同，而且中心音区十二个半音齐备。所以演奏者不仅可以根据古谱演奏古乐，也可以按现代乐谱奏出流行音乐！

曾侯乙墓中的惊世国宝

曾侯乙墓中除了编钟之外，还有很多件国宝级的随葬品，从这些东西可以看出，当时只是一位王侯的曾侯乙过着多么奢华的生活！

随葬的乐器中还有一件编磬。它用的是青铜错金磬架，磬架上，是线条流畅的错金云纹。中间以两根圆杆为横梁，两边各有一只圆雕怪兽支撑着两根立柱。整个编磬分为两层，每层的杆上，都用串钩挂着磬体，演奏时应该是由一个人拿着磬槌敲击。

同时，墓中还出土了一件青铜大尊缶。这件大尊缶是目前所知我国先秦酒器中最大、最重的一件，堪称"酒器之王"。它不但拥有足以傲视同类的巨大体积，而且表面覆盖的纹饰也极其精美。

除此之外，墓中还有象征吉祥的鹿角立鹤工艺品，能使酒冬暖夏凉的青铜冰鉴，以及精致的龙凤玉挂饰、联禁铜壶等随葬品。

什么是二十八星宿

中国古代天文学家将肉眼可见的星星划分为二十八组，称为二十八星宿，东、西、南、北各有七个星宿。

传说天界派青龙、朱雀、白虎、玄武守护人间，它们死后，人们便用四兽来祭祀天神，没想到天象发生了变化，四兽的灵气再现四方，并附在了世间的二十八个人身上，这些人就是传说中的星宿官啦！

传说只是传说，不过二十八星宿在天象观察中占据很重要的地位。

被埋在地下的
繁华长安

长安（今陕西西安），是古代君王很喜欢建都的地方，因此也成了考古工作者最感兴趣的地方之一。20世纪50年代，考古工作者开始对位于西安西北、渭水以南的西汉都城长安，展开系统的、大规模的发掘。现在，就让我们一同解读这座2000多年前的都城吧！

尘封地下的长安真貌

经过发掘，考古队逐步探明了长安城池的结构、城门的位置、宫殿的布局及横竖交叉的街道，同时也出土了大量珍贵文物！

长安城是一座长方形的城池，城墙用黄土夯筑而成，四面城墙每面都开有3座城门。因为我国的房屋构建一般会南面开门，所以南墙中间的安门是长安城的主门，西面是西安门，东面是覆盎门。东面城墙上的门从南向北依次是霸城门、清明门和宣平门；北面城墙上从东到西依次是洛城门、厨城门和横门；西面城墙上从北向南依次是雍门、直城门和章城门。每座城门之下都有3条门道，门道各宽约8米，可以容4辆大型马车同时进出。

12座城门中，覆盎门、霸城门紧临长乐宫，西安门、章城门紧临未央宫，其余8座城门各有1条大街通往城内。大街纵横交错，形成了贯通东西南北的交通网。

每条大街都经过了统一的规划，宽度都是45米左右。其中安门大街是长安城的南北中轴线，自安门起，沿长乐宫、明光宫西墙北行，与宣平门大街相交，全长达5500余米，是汉长安城内最长的街道。最短的是洛城门大街，长度不到1000米。根据记载，各条大街被分为平行的三股道，中间的一条道是"驰道"，宽20米左右，这条路只有皇帝才可以用；官吏和平民都只能从两侧宽约12米的道路上走。

长安城的武库是做什么的

已经清理出的长安城宫殿与其他王朝的宫殿相似，布局井然有序。然而，令人惊叹的是长安城的武库，透过它，我们仿佛可以看到一个不可小觑的王朝。

整个武库为长方形设计，东西长约800米，南北宽约320米，四周是围墙，中间用夯实的黄土墙隔开，分为东西两个院落，每个院落又有若干武器库。

这些武器库分在东西两侧,呈"品"字形排列。每个库又分成几个小间,而且每个库房中保存的武器都不一样,有的放戟矛剑盾,有的放铠甲盔胄,有的放弓弩箭支,几乎没有一处是混放的,而且许多武器还被有序地摆放在兵器架上。由此可见,在汉朝的时候,军纪应该是非常严格的。

武库中出土的铁制兵器最多,如刀、斧、剑等,有些虽然已经生锈,但我们依然可以想象出它们当时的风采。同时出土的铁铠甲,有的重达几十斤,不知道古代的人穿上它是如何打仗的。

我国的四大古都是哪四个地方

我国四大古都分别是北京、西安、南京和洛阳,它们各自拥有厚重的历史积淀与独特的文化遗产,代表了中国丰富多彩的历史和文化传统。

1. 北京

中国的首都,也是政治、文化、国际交往和科技创新中心,作为中国历史上元、明、清三个朝代的都城,北京留存了故宫、长城等众多珍贵的历史文化遗产。

2. 西安

十三朝古都,是中国历史上建都朝代最多、建都时间最长的都城,在四大古都中具有独特地位。

3. 南京

有"六朝古都"之称,又称"十朝都会",曾是中国南方的政治、经济、文化中心。

4. 洛阳

从中国第一个王朝——夏朝起,先后有13个大小朝代在此建都,一般称之为"十三朝古都",也有"千年帝都,牡丹花城"之称。

5亿年前的"皮鞋"印

小朋友，你们知道吗？有人竟然在一块含有5亿年前三叶虫化石的岩石断面中，发现了一枚"人"的脚印呢！而且，更神奇的是，这个踩着三叶虫的"人"居然穿的是"皮鞋"！究竟是怎么回事呢？我们一起去看看吧！

三叶虫上的"皮鞋印迹"

1968年6月,美国化石爱好者米斯特与家人前往犹他州的羚羊泉收集化石。他们认真地观察每一块岩石,找到几块三叶虫化石后,显得十分兴奋。

米斯特用锤子敲击一块厚约4厘米的石头,那石头竟然像书本一样打开了。这原本是很平常的现象,大部分有化石的岩层都会这样。但是令人惊奇的是,这页"书"中竟然出现了一枚清晰的人类脚印,恰好覆盖在一只完整无缺的三叶虫上!更奇特的是,留下脚印的人居然还穿着"皮鞋"!

那枚脚印整体长28厘米，宽8.5厘米，其中鞋跟部位比鞋掌部位的印迹更深一些，其形态与现代皮鞋留下的印迹很相似。米斯特既激动又惊奇，他准备把化石送去地质学家那里检验，但不知道找谁好，所以就在当地的报纸上发布了这则消息和他拍摄的照片。很快，消息传遍了美国，在其他国家也引起了轰动。

人类不可以踩上三叶虫吗

三叶虫是生活在6亿年前古生代浅海中的甲壳类动物，长3~10厘米。现在全世界已经从6亿年前的地层中发现了很多三叶虫化石，但是，在大约2亿8千万年前的地层中就没有再发现过它们了，可见它们那时已经从地球上消失了。人类在三叶虫灭绝2亿多年后才出现，所以人类和三叶虫根本就没有生活在同一时代的可能性。

然而，三叶虫被人类的"皮鞋"踩到，这样令人难以置信的怪事竟然发生了！

为什么"皮鞋"会踩上三叶虫

三叶虫出现的时候并没有人类。那时，所有生物都处于低等状态，甚至连脊椎动物都没有，当然就更不会有什么其他兽类的脚长得像皮鞋了，那么，这踩着三叶虫的"皮鞋"印迹又是谁留下的呢？也许这个脚印与三叶虫并没有在同一时代，只是碰巧遇到了而已。

但是这一想法很快被否定了，因为通过检验，那块含有脚印的岩石是属于寒武纪的，也就是说，那个"皮鞋"脚印与三叶虫是同时代的。

1968年7月，又有人从一块化石上发现了一枚小孩的脚印，脚上没有穿鞋，能清晰地看到分开的脚趾。在这之后，盐湖城公立学校的教育工作者丁·比特先生又发现了两枚穿着"凉鞋"的脚印。这两枚脚印没有踩着三叶虫，但在脚印附近的同一块岩石中却发现了三叶虫化石，这个穿"凉鞋"的人与三叶虫应该就是同一时代的。

这枚脚印究竟是怎么回事？这个问题成了不解之谜。有些外星人研究者认为，这应该是其他星球有两只脚的穿着皮鞋的智慧生物留下的。他们到地球上转了一圈，我们无法了解他们做了什么，只是看到了他们的足迹。

　　当然，外星球的智慧生物一说并没有什么根据，但是，直到现在仍然没有人能解释，为什么会出现这样踩着三叶虫的"皮鞋"脚印，所以外星人之说算是一种猜测吧！

猜猜看

寒武纪是什么时代

人们通过考古，把地球的历史划分为几个地质时代，寒武纪就是其中之一。寒武纪距今约 5.42 亿—4.85 亿年，这个时代延续了约 5700 万年，是地球生物史的一次重大发展。

在寒武纪的地质岩层中，发现了很多有着坚硬外壳、门类众多的海生无脊椎动物，以三叶虫最为常见，一般认为这个时期是地球上生命多样性的爆发增长期。

冰河时期的人类脚印

人类到底是什么时候诞生的呢？这一直是人们不断探讨的问题。最近，在澳大利亚内陆的满谷国家公园，考古工作者惊奇地发现了大批冰河时期的人类足迹，那是距今约2.3万—1.9万年前的脚印。难道在冰河时期就有人类了吗？那是什么样的人留下的脚印呢？带上这些问题，让我们一起去探索吧！

冰河时期是什么时候

现在的地球上，不同的区域有不同的气候，中纬度地区的小朋友可以明显感受到四季的变化，夏天可以吃冰激凌，冬天可以堆雪人。但是地球并不是每个时期都像现在这样，它可是经历过很多时期变化的。

有一个时期，地球的表面被大量的冰川覆盖着，就像现在的南北极一样，整个地球宛如一颗冰球，这个时期就是人们所说的"冰河时期"。冰河时期并非只出现过一次，而是和温暖时期交替出现。地球在40多亿年的历史中，曾出现过多次显著降温变冷的情况。离现在最近的一次冰河时期被人们称为"第四纪冰期"。

冰河时期的脚印

在澳大利亚新南威尔士州满谷国家公园的威兰德拉湖附近，有人在潮湿的黏土区发现了一枚脚印，引起了考古界的广泛关注。于是，考古工作者进行了进一步发掘，又发现了450多枚同一时期的脚印。研究发现，这些脚印是第四纪冰期高峰时期留下的，也是地球上迄今为止所发现的数量最多的远古人类脚印遗迹。

　　这些脚印的主人年龄段分布很广，幼童、青少年和成年人都有。从脚印的形状和深度可以推测，当时这些人有的在奔跑，有的在行走。其中一枚脚印的主人应该是一位身高2米的成年男子，他当时奔跑的速度大概是每小时20千米。

　　考古工作者推测，这些脚印的主人当时的居住环境一定非常潮湿，因为他们在这些脚印的脚趾缝中发现了泥巴的痕迹。随后，他们对这些遗迹进行了测量和清理，并在距离脚印约6千米远的地方挖出了两具约17000年前的远古人类遗骸。

冰河时期人类的生活

这些脚印遗迹的发现，把人类出现的时间推到了2万年前左右。通过观察这些脚印遗迹，人们对远古人类有了更多的了解。

这片地区应该是物产比较丰富的地方，有很多湖泊，里面生活着鱼、贝类和虾类等。这里的远古人类应该善于运动，他们身体健壮，以打猎、捕鱼为生。他们应该生活得很和睦，爸爸妈妈散步时，小孩子会绕着他们一圈圈地跑。

这些脚印遗迹的发现，为探索人类的历史提供了重要线索，让人们离揭秘远古人类更近了一步。未来也许还会有更多发现，终有一天，我们会更清楚远古人类的样子。

猜猜看

如何利用古生物学开展研究

古生物学家如同侦探，他们研究藏在地层里的生物遗体或遗迹，从蛛丝马迹中推断结论。例如，通过研究骨骼化石、脚印化石、粪便化石、植物化石等，确定生物的体型特征、行走速度、外观形态以及饮食特性等；再结合对应的沉积岩的特征，进而推断生物生存时代的地理环境。

借助古生物学研究，利用测年技术，我们可以了解地质历史时期生物多样性与环境的关系，探讨地球生命发展的规律，并为应对未来的环境变化提供重要的信息。

数千年前的"宇航员"

小朋友，你们知道世界第一大沙漠叫什么名字吗？让我告诉你们吧，它叫撒哈拉沙漠！1933年，法国骑兵队来到撒哈拉沙漠中部，在这里发现了几千米长的壁画群，是谁跑到沙漠中作的壁画？这壁画中描绘的景象又是什么？下面就让我们开始撒哈拉之旅吧！

撒哈拉一直以来都是荒漠吗

撒哈拉这个词在阿拉伯语中是"大荒漠"的意思，它从大西洋一直绵延到红海，东西长约4800千米，贯穿了整个北非。撒哈拉四分之一的面积都是沙海，其余的部分是荒凉的山岭和遍地圆石的干涸平原。

人们提到撒哈拉沙漠就会想到大地龟裂、河流干涸、飞沙走石的景象。不过撒哈拉壁画的发现，让人们改变了这种想法。

伴随着人们的发现，撒哈拉成了世界上岩画最多的地方。这些岩画告诉人们，在很久很久以前，这里已经有人类居住，而且开创了高度繁荣的远古文明。

人们从岩画上看到了河马、大象、长颈鹿、犀牛、狮子、水牛、野牛、羚羊、鸵鸟和豪猪等众多野生动物嬉戏的场景。专家研究发现，距今约10000—4000年前，撒哈拉原本水源丰富，湖光潋滟，林木繁盛，是一片青葱肥沃的大草原，是动物的美好家

园，人们在这里生活，所以才会画下许多动物的形象。

岩画上有"宇航员"

撒哈拉岩画的大部分内容是写实的，各种动物都画得活灵活现，内容也很丰富。这里虽然经历了几千年的风吹日晒，但很多岩画的颜色到现在依然光鲜。

这些岩画中，除了动物之外，还有一些重要的人物形象：他们有的手持长矛和圆盾，乘坐着战车呈快速行进状；有的身缠腰布，头戴小帽；还有的像是在敲击乐器。从画面上看，舞蹈、狩猎、祭祀是当时人们生活的主要内容。

然而，画面上也有一些让人不能理解的内容，其中，有些人的打扮非常现代，身穿精致的短上衣，有的甚至还戴着"太空头盔"。头盔上有两个可以观察外界的小孔，并通过某种部件与躯干部分的服装相连接，让人不禁想到宇航服。

更为引人注目的是，这些装扮奇特的人物形象并非孤立存在，而是出现在多幅画作之中。人们越来越不理解，难道这些"宇航员"似的人物是当时人们崇拜的神灵？还是说当时真的出现过身穿连体太空服的宇航员？

岩画上的"宇航员"之谜

这些"宇航员"岩画的发现，让人们对撒哈拉沙漠更感兴趣了，同时，一项关于日本陶古的研究也给人们带来了同样的疑问。

日本陶古是在日本发现的一种陶制小人雕像。历史学家认为这是日本古代妇女的雕像，也有人认为这些陶古像是一些穿着宇航服的宇航员。这些"宇航服"不但有呼吸过滤器，而且采用了充气膨胀的设计，其裤形近似现在宇航员所穿的裤子。

当然，这些说法没有得到更多的证实，也许在数千年前真的有天外来客光临过我们的地球，就像我们在火星、月球上留下人类的标记一样，他们在地球上也留下了标记呢！

真的有外星人吗

外星人是人类对地球以外智慧生物的统一叫法，人类一直没有停止过对外星人的探索，但是直到现在，别说与外星人联系，就连一颗有生命的星球都没找到。

然而，地球只是宇宙中的一颗小小星球，宇宙那么大，既然能形成一个有生命的地球，那么在宇宙的某个角落肯定也会有其他智慧生命的存在，也许他们同样在寻找我们呢！

探秘两河流域的地下明珠

古代文明的发源地一般会集中在大河流域,像中华文明就是依傍着黄河、长江而发展起来的。在中东地区的底格里斯河与幼发拉底河旁边,苏美尔人、巴比伦人和亚述人等在这里建立了两河流域的文明,世界上的许多"第一"都是从这里开始的。下面,让我们走进两河流域,去寻找它曾拥有的地下明珠——乌尔城!

发掘两河流域的文明

两河流域的文明举世闻名，所以这里曾来过无数的考古工作者。1922年，英国人查尔斯·伦纳德·伍莱有了重大收获。

最初，工人们不耐烦地挖着一层层的泥土，都认为伍莱在做一件徒劳的事。但当第一条壕沟深入掘进时，一些用黏土制成的罐子、铜制工具和黄金念珠出现在工人们面前——这些东西让所有人都为之一振！

紧接着，另一些用红宝石、天青石制成的念珠也相继出土。通过鉴定，当时还是考古界新人的伍莱马上意识到，这些东西可能是陪葬品。在古时候的两河流域，这些东西都是沿着贸易通道从遥远的地方运来的，价值不菲。能拥有这些陪葬品的人不可能是普通人家，所以这里一定是一个贵族的大型墓葬，里面一定有更加丰富的宝藏。

然而，伍莱并没有继续往下挖，他觉得这些工人没有经过专业培训，即使有新的发现他们也不会辨认，而且粗手粗脚的可能会破坏文物。

4年之后，伍莱再次来到这里，他已经掌握了当时先进的考古技术，比如地层学与分区标绘测定法等，还带来了一批考古经验丰富的工人，正式对这里进行了发掘。伍莱通过文物和资料证明了这里就是几代考古工作者寻找的乌尔城！

乌尔城的墓葬群

伍莱在发掘乌尔城遗址的每一处时都十分小心，考古队也慢慢熟练起来，发现的墓葬越来越多，最后竟然发掘出了1850座坟墓。

这些墓有的是长方形的井穴，有的是用石块或砖头砌成、具有拱顶的室形墓穴。这两种墓穴让人一看就十分明了，并穴是平民的墓，而室形墓穴是王室的墓。这样算来，1850座坟墓中有16座属于王室成员，他们挖开了一座真正的王陵！

不过这些陵墓历经千年，曾被盗墓贼多次破坏，16座陵墓中只有2座还保存完好，像之前伍莱发现的那些东西，也许就是盗墓贼遗失在墓道中的。不过仅从被盗墓室中留下来的黄金碎渣、念珠等遗物，也可以想象出这里曾经有多么丰富的陪葬品。

伍莱加紧发掘，在被盗过的墓中还发现了银制船舶模型、带有大青石手柄的黄金匕首等物品。没被盗的墓中则出土了丰富的陪葬珍品，比如耳环、头梳、戒指、用黄金制作的华丽头饰及锅罐、碗盏等日常用品，甚至还有些家具。而在这些陪葬品里，最引人注目的要数牛头竖琴、乌尔军旗和公羊雕塑，它们具有高度的文化艺术价值。

乌尔城的变迁史

每个时期的土壤层中都埋有那个时期的代表性

物品，伍莱通过逐层发掘与分析，推测出了乌尔城的发展历程。

大约在公元前5500年，乌尔成为史前时期幼发拉底河两岸人类的聚居地，许多古人类都在此繁衍生息，过着原始的定居生活。

约公元前4000年，苏美尔人在此发展，他们在这里建造了城市，不过乌尔城也不只是由苏美尔人独占，它还曾轮流隶属于古代中东地区的某些帝国，如巴比伦、亚述等。

到了公元前400年左右，由于幼发拉底河河床迁移，这座几经沉浮的古城变得干旱缺水，城中居民不得不迁往外地，繁盛一时的乌尔城大概就在此时走到了尽头。

乌尔城见证了古代两河流域的文明繁荣，对研究苏美尔文明等意义重大。它虽历经漫长岁月的侵蚀，却依旧为探索人类早期历史提供了重要线索。

猜猜看

你知道空中花园吗

古巴比伦王国灭亡后，古代两河流域还经历了亚述帝国和新巴比伦王国时期。据说，新巴比伦的一个国王为满足王后的思乡之情，在宫中修建了一座空中花园，园内种满奇花异草，被誉为古代世界七大奇迹之一。公元前539年，新巴比伦王国被伊朗高原上兴起的波斯帝国消灭。

火山爆发
埋藏的古城

　　火山爆发埋藏的古城数不胜数，其中最著名的当数庞贝古城。这座曾经繁华的城市在灾难中被定格，直到1000多年后才被重新发现。由于被火山灰掩埋，庞贝古城遗址的街道房屋保存得十分完整。从1748年起，考古发掘工作持续至今，每年都有新发现，为了解古罗马社会生活和文化艺术提供了重要资料。通过庞贝古城遗址，我们得以与历史对话，揭开古罗马文明的神秘面纱。

庞贝古城的基本信息

庞贝古城始建于公元前6世纪,是古罗马时期的一座城市,位于意大利南部那不勒斯附近、维苏威火山脚下。公元79年,维苏威火山猛烈爆发,导致庞贝古城被彻底掩埋,这一灾难性事件至今已有近2000年的历史。

关于庞贝古城的起源，说法不一，遗址上最早的稳定定居点可追溯到公元前8世纪，当时奥斯坎人在该地区建立了村庄。后来希腊人、腓尼基人和埃特鲁里亚人也曾在此活动。

公元前89年，庞贝古城被罗马人占领，成为罗马共和国的属地，随后逐渐繁荣起来，修建了大量私人建筑和公共建筑。

庞贝古城的宏伟建筑

18世纪初，一位意大利农民从地下挖出了一些古罗马的钱币和一些经过雕琢的大理石碎块，这个消息引来了无数的考古学家和探险者前来探宝。后来，经过持续不断的考古发掘，人们终于看到了庞贝古城的庐山真面目，也终于了解了当年这座城市被突然毁灭的真正原因。

庞贝古城略呈长方形，有城墙环绕，四面各设城门。城内四条大街呈"井"字形纵横交错，街坊布局如棋盘般规整，主街宽7米，由石板铺就，街道设有排水沟渠。

古城西南部的市政广场，是政治、经济和宗教中心。重要建筑围绕市政广场布局，有朱庇特神庙、阿波罗神庙、大会堂、商场等。广场的东南方是官府所在地，东北方是繁华的集贸市场。城内还有公共浴池、体育馆、大小两座剧场以及可容纳1万多名观众的圆形竞技场等公共设施。

庞贝古城的绝美壁画

维苏威火山爆发时，厚厚的火山灰覆盖了庞贝古城的壁画，使其得以保存至今。庞贝壁画是古罗马壁画艺术的瑰宝，它们不仅数量众多，而且风格多样，反映了当时社会的审美趣味和生活面貌。

庞贝壁画的内容丰富多彩，包括神话故事、日常生活场景、静物以及风景等题材。其中，部分捕猎题材的壁画融入了埃及元素，例如描绘土著猎人在埃及风格建筑下猎杀河马和鳄鱼的场景，这表明埃及文化在当时的庞贝颇为流行。这些壁画不仅为研究古罗马社会提供了珍贵的资料，也展现了古罗马时期的艺术水平。

庞贝壁画大多采用意大利本土的矿物质为颜料，以生石灰作黏合剂，有时还会采用有机物如蛋黄、蛋白等充当调和剂。小朋友，你们试过用蛋黄和蛋白当作调和剂吗？

猜猜看

你了解火山喷发吗

　　火山喷发是地球内部岩浆和其他物质通过火山口剧烈喷出地表的一种自然现象。这一过程通常伴随着地震活动、地面变形和火山气体的排放。火山喷发的类型和规模可以根据岩浆的黏度、气体含量、喷发的猛烈程度等因素来分类。火山喷发对环境和人类活动都有重要影响，包括引发短期气候变化、促进新土地形成，以及带来火山碎屑流、熔岩流等灾害风险。

木乃伊的心脏跳起来了

古埃及什么最有名呀？呵呵，当然是金字塔了。人们一提到古埃及就会想到金字塔，还会马上想到木乃伊。木乃伊本来就有很多神秘的地方，可是人们竟又发现了一个心脏会跳动的木乃伊，难道他还活着吗？

什么是木乃伊呢

古埃及有这样一个传说：人去世后，只有肉体会消亡，而灵魂还会存在。如果把他做成木乃伊，灵魂就会附在上面，等到时机成熟，他就会复活。

这个传说流传下来，使世界许多地区的人都学

会了制作木乃伊。人去世后，人们取出他的内脏，装上各种防腐香料；在皮肤上涂满香油或者带药的防腐液，用细麻布做绷带把他从头到脚包裹起来，外面再涂上树胶；然后把他送还给亲属。亲属将他放到特制的人形木盒里，靠墙直立放在墓室中。年久风干后，就形成了木乃伊。

现在人们已经发现了很多木乃伊，最著名的是埃及法老的木乃伊，此外还有一些王公贵族的木乃伊。

木乃伊的心脏在怦怦跳

木乃伊本身就带有很神秘的色彩，而不同地区制作的木乃伊又不相同，所以每一具木乃伊出土的时候，都会给考古工作者带来不同的收获，很多考古工作者都努力想解开木乃伊身上的未解之谜。

后来，在卢索伊城郊外出土了一具木

乃伊，当人们把他抬出墓穴做初步处理时，发现从他体内发出了一种奇特而有节奏的微弱声音。这具木乃伊在地下究竟多少年了？为什么体内还会有微弱的声音呢？

人们循着声音找去，发现声源在木乃伊心脏的位置。考古工作者上前仔细倾听——这声音竟和心跳声一模一样，难道木乃伊的心脏还在跳动？在场的人都惊呆了。

考古工作者又疑惑又兴奋，心脏跳动是不可能的，那应该是有什么东西在木乃伊心脏的位置发出声音。由于当时没有合适的工具，考古工作者不可能也不敢贸然拆开白麻布一探究竟，于是把木乃伊送到一家私人诊所。然而，诊所的人十分害怕，不敢动手。最后他们只好把木乃伊送到了开罗医院。

为什么木乃伊的心脏会跳

木乃伊被运到开罗医院后，医院马上组织了一批专家对他进行检查，确定从外观无法判断究竟是什么东西发出响声后，专家们决定对他进行解剖。

医生拆开麻布，解剖木乃伊后，竟然在木乃伊心脏的位置发现了一个类似"心脏起搏器"的装置。人们听到的怦怦跳动的声音，就是由它发出的。这个声音非常有节奏，医生测算了一下，发现它每分钟大约响80次。

大家看着这具有2500年历史的木乃伊，心中充满疑惑：是什么样的动力，让这个"心脏起搏器"跳了2500年呢？

大家越来越不解，马上利用先进的仪器进行检测，最后发现这个"心脏起搏器"是用一块黑色水晶制成的。专家推测，黑色水晶中可能含有放射性物质，所以在一个封闭的空间内，它能凭借自身放射的能量作为动力，一直不停地跳动并发出声音。

"心脏起搏器"之谜

专家虽然解释了这个"心脏起搏器"可以一直跳动的原理,但是,随着参观人数的不断增加,它越来越有名,也引发了人们更多的疑问。

这个神秘的"心脏起搏器"是谁放在木乃伊体内的?它的作用应该是帮助心脏工作,那么一定是在此人还活着的时候就已经植入了。可是根据现代医学理论,心脏起搏器安放成功还没有多少年,2500年前的人们怎么可能掌握安装起搏器的技术呢?

还有,当作"心脏起搏器"的黑色水晶也有问题。现在人们见到的水晶大多是白色、紫色和浅红色的,而黑色水晶虽然存在,但极其罕见,这块黑色水晶究竟是从哪里来的呢?

好多好多的谜团围绕着这具木乃伊,专家、学者至今也不能解答,小朋友也思考一下吧,毕竟不管什么样的难解之谜,总会有解开的一天哦!

猜猜看

心脏起搏器是做什么用的

一些患有心脏病的人在心脏发生病变或者衰竭时，医生就会给他们安装心脏起搏器。从名字上看，它就是帮助心脏正常运转的一个小机器啊！

我们的心脏每时每刻都在跳动，如果它不能跳了，或者跳慢了，心脏起搏器会定时放出一定频率的脉冲电流。它像人体的一个"司令部"一样，刺激心脏，让其兴奋起来，继续正常跳动。这样就能保证血液循环，使人能够正常地生存下去！

几千年前就有"计算机"了

计算机现在已经进入了千家万户，而它诞生还不到100年！可是一名潜水员在希腊安蒂基西拉岛的海底，竟然发现了一台类似计算机的古代青铜装置，其被人们称为"安蒂基西拉机器"。这台装置已有2000多年的历史，它有什么用途呢？人们又发现了它哪些惊人的秘密呢？

海底发现的古老仪器

世界上第一台电子计算机诞生于1946年，那个时候人们很兴奋，终于可以把计算、处理数据等一系列复杂的过程通过一台机器完成了。

但是，早在1900年，一名潜水员在希腊安蒂基

西拉岛附近搜索时，就在海底一艘沉没的古代货船残骸里，发现一台神秘复杂的古希腊青铜机械装置。100多年来，这台仪器一直被叫作"安蒂基西拉机器"，至于它的用途，人们一直都没有搞清楚。

这台古老仪器上面的齿轮和刻度盘更激发了人们的好奇心。后来，来自英国和希腊的一个联合研究小组给这台仪器做了个全身检查，通过X光透视发现，它的上面竟然刻着一段失传2000多年的希腊铭文。这段铭文介绍了仪器的用途，大概意思是希腊人用它来预测太阳系各大行星的运动。

据推测，这台仪器的制造时间大约是公元前150年—公元前100年。它是由30多个青铜齿轮构成的，齿轮装在一个木盒里，木盒盖上面刻着与行星活动有关的文字。整台仪器不但能预测日食和月食发生的准确时间，还能推算出太阳和月亮的运行轨道，进行加、减、乘、除等普通运算，甚至还可以排列一年的阴历月份，显示太阳和月亮在黄道十二宫图中的位置。

从这台仪器中，人们了解到，古希腊时期的人们对金星、木星、水星、火星和土星的运动轨迹已经有所认识。因此，科学家们兴奋地称"安蒂基西拉机器"为世界上最早的天文计算机。

安蒂基西拉机器的计算方法与"日心说"理论相似。这一发现令人震惊——要知道，哥白尼在16世纪系统提出"日心说"，可安蒂基西拉机器制造于公元前。这意味着，古希腊学者对天体运行的思考，远比我们此前认知的更超前。

这台计算机是谁发明的

这台仪器是谁发明的呢？他还有没有发明别的什么东西呢？为什么那个时候的仪器已经很先进了，可是2000多年来却没有被人仿制呢？

有人认为，该仪器有可能是古希腊斯多葛学派哲学家波塞多尼奥斯设计制造的。因为公元前1世纪，希腊有一位演讲家、哲学家名叫西塞罗，他是波塞多尼奥斯的学生，他曾经在一些文章中提到过类似于这台仪器的设计——"我们的朋友波塞多尼奥斯，最近发明了一种设备，其每一个齿轮都能通过旋转模拟太阳、月球和五大行星的运动。"

也许他所说的"设备"就是这台仪器，那为什么这台仪器在当时没有得到人们的认可呢？这也许可以归结到"日心说"上。

想想当时的古希腊，人们一直认可的观点是"地心说"，但是有一个人突然提出"日心说"，并造了一台仪器，人们一定会发出反对的呼声。到了16世纪，哥白尼最初提出"日心说"时，不是一样遭到了强烈的反对吗？

也许正是这个原因，这台仪器才会被隐藏起来，至于它为什么会出现在海底，现在还无法解释。

人们在不断探索过去，也许哪一天还会有一台像"安蒂基西拉机器"一样的仪器被人们发现，谁知道呢？期待未来有新的发现，不断刷新我们的认知。

猜猜看

什么是"日心说"

众所周知，月亮绕着地球转，地球绕着太阳转。可是古代的人们生活在地球上，看着太阳跟月亮一样，每天都会东升西落，所以就认为太阳也是绕着地球转的，这就是古代人们所认为的"地心说"。

但是，后来人们通过观察发现，地球并不是宇宙的中心；太阳系中还有其他的星体，并且这些星体都是绕着太阳转的，这个理论就是"日心说"啦！

小测试

1. 出土千年不腐女尸的马王堆是哪个朝代的古墓?

    ① 周朝　　　　② 汉朝

    ③ 晋朝　　　　④ 唐朝

2. 庞贝古城因哪一事件而被掩埋?

    ① 海啸　　　　② 火山爆发

    ③ 洪水　　　　④ 战争破坏

3. 两河流域的"两河"指的是幼发拉底河和哪条河?

    ① 黄河　　　　② 亚马孙河

    ③ 底格里斯河　　④ 尼罗河